Piano Music of
ROBERT SCHUMANN

Piano Music of
ROBERT SCHUMANN

(handwritten: Alexander)
(handwritten: 1810–1856.)

EDITED BY CLARA SCHUMANN

(handwritten: Josephine, Wieck)

Series I

DOVER PUBLICATIONS, INC.

NEW YORK

Published in Canada by General Publishing Company, Ltd., 30 Lesmill Road, Don Mills, Toronto,
Ontario.
Published in the United Kingdom by Constable
and Company, Ltd., 10 Orange Street, London WC 2.

Piano Music of Robert Schumann, Series I, first
published in 1972, is a new selection from *Robert
Schumann's Werke, Serie VII, für Pianoforte zu zwei
Händen,* as published by Breitkopf & Härtel in
Leipzig between 1879 and 1887.
The publisher is grateful to the Sibley Music
Library of the Eastman School of Music, Rochester,
N. Y., for making its material available for repro-
duction.

International Standard Book Number: 0-486-21459-1
Library of Congress Catalog Card Number: 72-85454

Manufactured in the United States of America
Dover Publications, Inc.
180 Varick Street
New York, N. Y. 10014

Contents

VARIATIONEN
über den Namen Abegg
für das Pianoforte
von
ROBERT SCHUMANN.
Op. 1.
Der Gräfin Pauline von Abegg gewidmet.

Schumann's Werke.

Serie 7. No 1.

Componirt 1830.

Animato. M.M. ♩ = 108.

Thema.

Ausgegeben 1887.

VAR.1.

PAPILLONS
für das Pianoforte
von
ROBERT SCHUMANN.
Op. 2.
Fräulein Therese, Rosalie und Emilie gewidmet.

Componirt 1829 und 1831.

Ausgegeben 1887.

No 3.

No 4.

No. 5.

Basso cantando

No. 6.

in tempo vivo.

FINALE.

No. 12.

Più lento.

STUDIEN FÜR DAS PIANOFORTE
nach Capricen von Paganini

CAPRICE.

N.º 1.

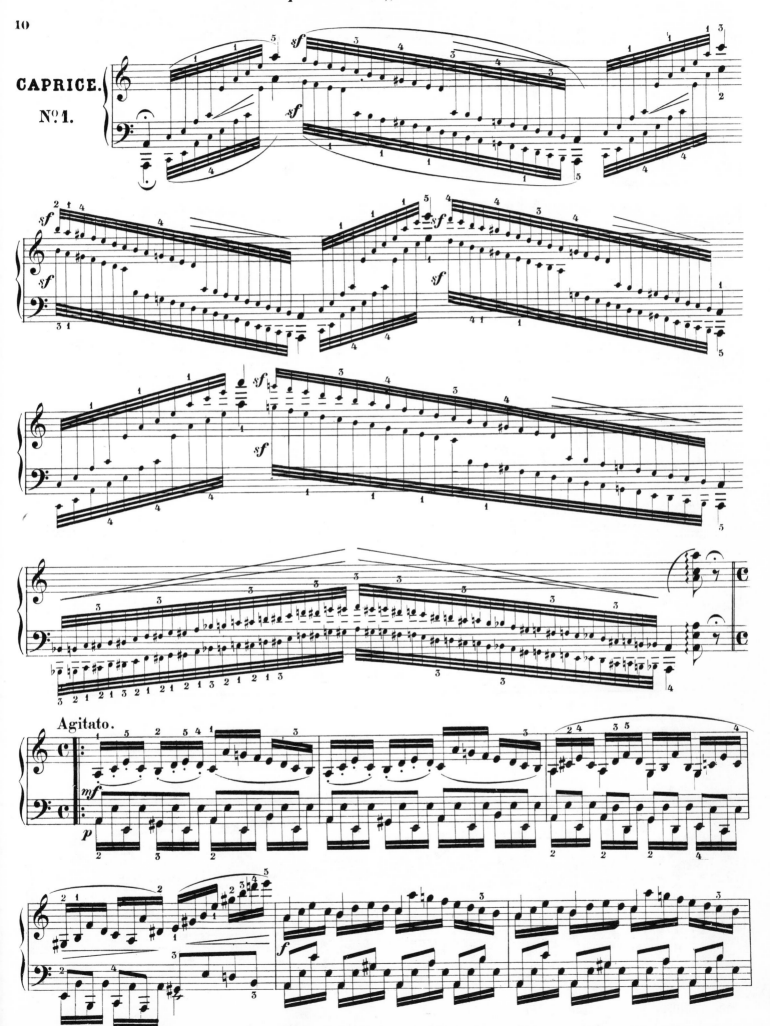

22 *Studien nach Capricen von Paganini*

24 *Studien nach Capricen von Paganini*

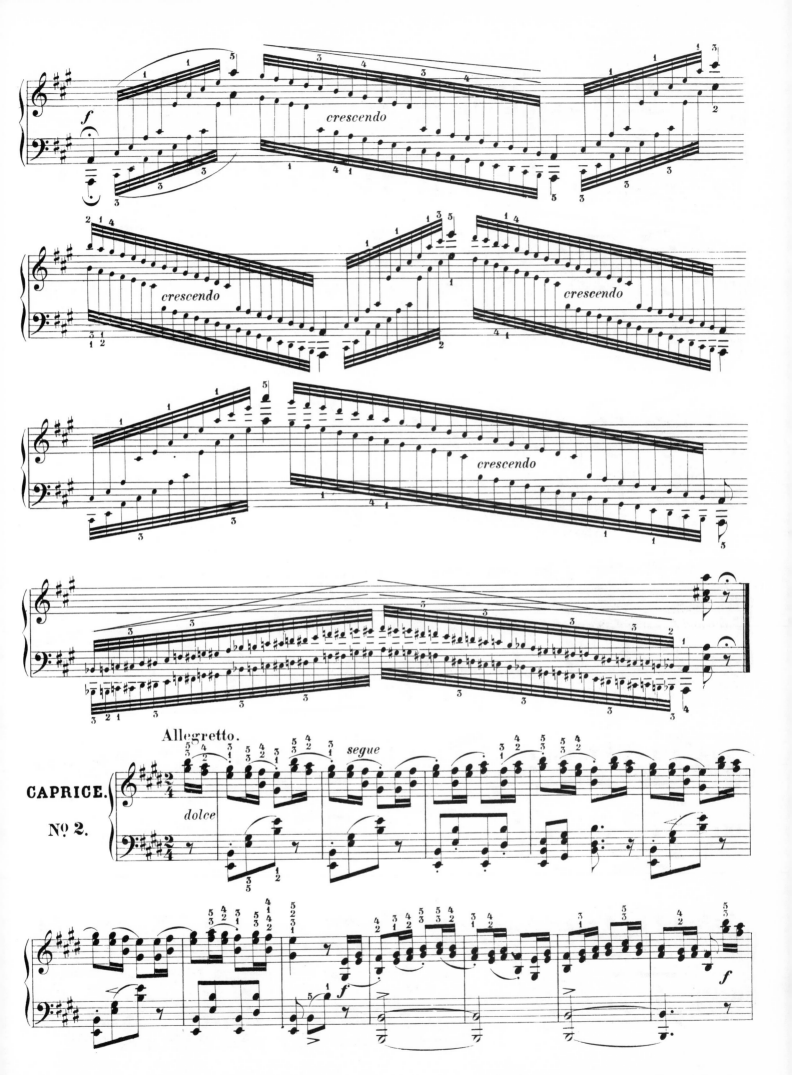

26   *Studien nach Capricen von Paganini*

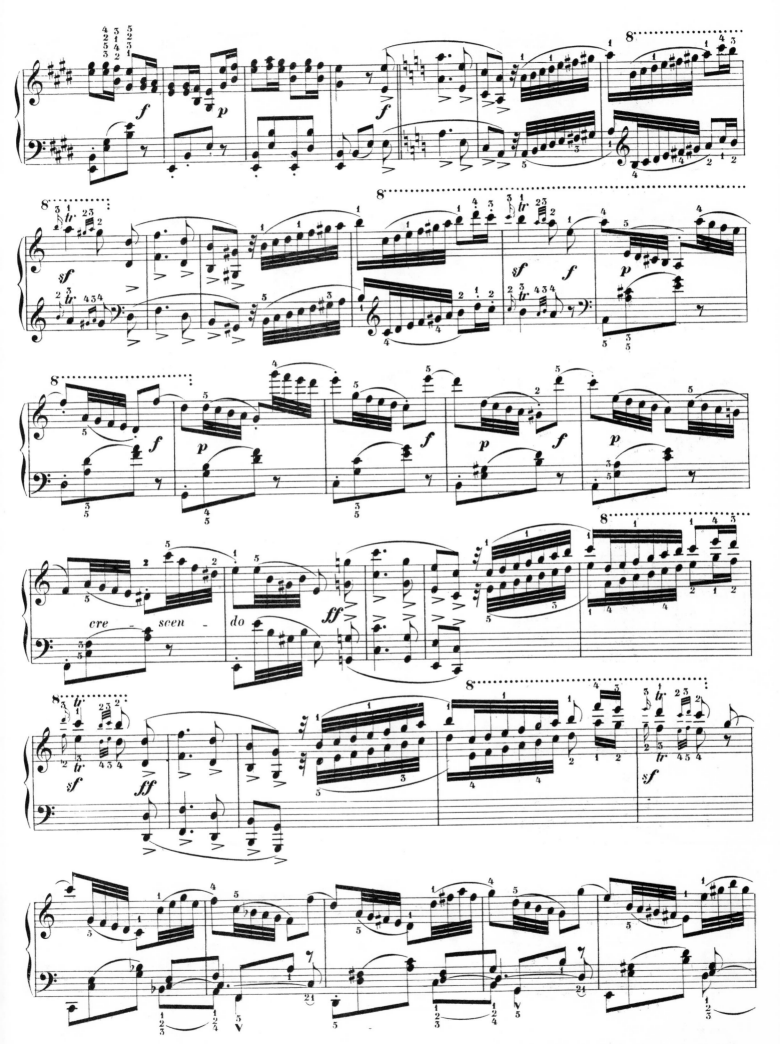

CAPRICE.

N.º 3.

CAPRICE.

№ 4.

Allegro.

dolce   diminuendo

Un poco più lento.
Minore.

delicatamente

Minore.

ff la 1ª volta e *p* la 2ª

crescendo

crescendo

1.

DAVIDSBÜNDLER

Achtzehn Charakterstücke
für das Pianoforte
von
ROBERT SCHUMANN.
Op. 6.

Walther von Goethe gewidmet.

Schumann's Werke.

Serie 7. No 6b

Componirt 1837.

I.

Ausgegeben 1887.

II.

IV.

VI.

VII.

VIII.

IX.

Lebhaft. ♩ = 112.

X.

Balladenmässig. Sehr rasch. ♩. = 80.

XI.

XII.

XIII.

XIV.

Zart und singend. ♩ = 138.

XV.

Frisch. ♩ = 160.

Schluss.

ad libitum
Da Capo
senza replica.

XVI.

XVII.

Wie aus der Ferne. ♩ = 126.

XVIII.

TOCCATA
für das Pianoforte
von
ROBERT SCHUMANN.
Op. 7.
Ludwig Schunke gewidmet.

Schumann's Werke.

Componirt 1830.

Allegro.

Dem Spieler möglichste Freiheit des Vortrags zu lassen, sind nur Stellen, die etwa vergriffen werden könnten, genauer bezeichnet.

Original-Verleger: Fr. Hofmeister in Leipzig.

Stich und Druck von Breitkopf & Härtel in Leipzig.

Ausgegeben 1885.

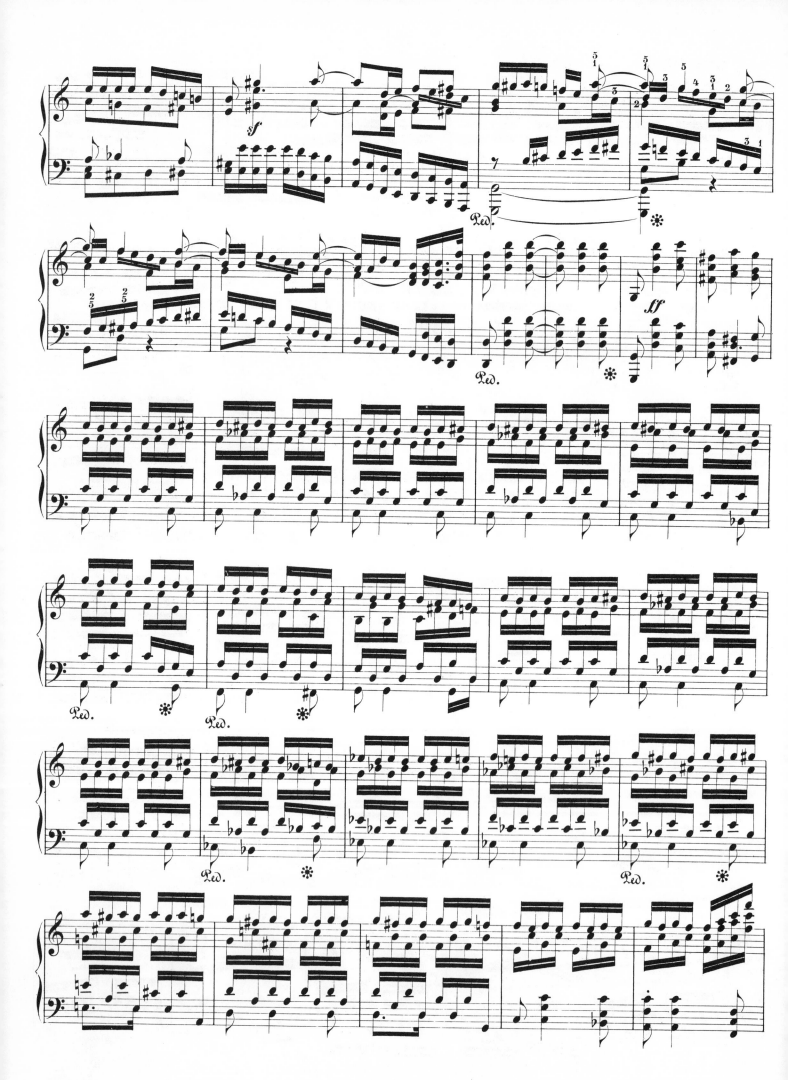

ALLEGRO
für das Pianoforte
von
ROBERT SCHUMANN.
Op. 8.
Baronin Ernestine von Fricken gewidmet.

Schumann's Werke.

Componirt 1831.

Ausgegeben 1887.

82 *Allegro*

CARNAVAL
Scènes mignonnes sur quatre notes
für das Pianoforte
von
ROBERT SCHUMANN.
Op. 9.
Carl Lipinski gewidmet.

Schumann's Werke.

Serie 7. No. 47.

Componirt 1834 und 1835.

Préambule.

Ausgegeben 1879.

Pierrot.

Arlequin.

Valse noble.

Eusebius.

Florestan.

Coquette.

Replique.

Sphinxes.

No 1.   No 2.   No 3.

Papillons.

A.S.C.H. __ S.C.H.A.
(Lettres Dansantes.)

Chiarina.

Chopin.

Agitato.

Estrella.

Con affetto.

Più presto molto espressivo.

Tempo I.

Reconnaissance.

Pantalon et Colombine.

Valse Allemande.

Promenade.

Pause.

Marche des Davidsbündler contre les Philistins.

Sechs Concert-Etuden
componirt nach Capricen von Paganini
für das Pianoforte
von
ROBERT SCHUMANN.
Op. 10.

Componirt 1833.

No. 1.

Allegro molto.

Original-Verleger: Fr. Hofmeister in Leipzig.

Ausgegeben 1885.

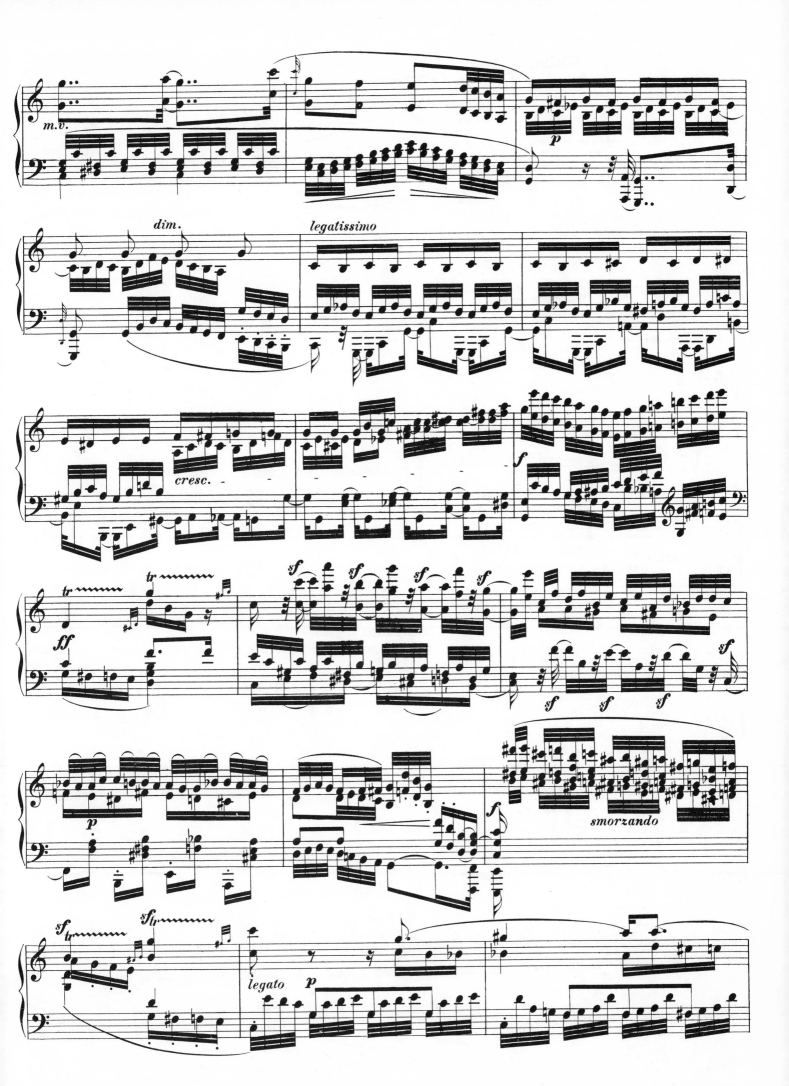

6 Concert-Etuden nach Capricen von Paganini

6 Concert-Etuden nach Capricen von Paganini

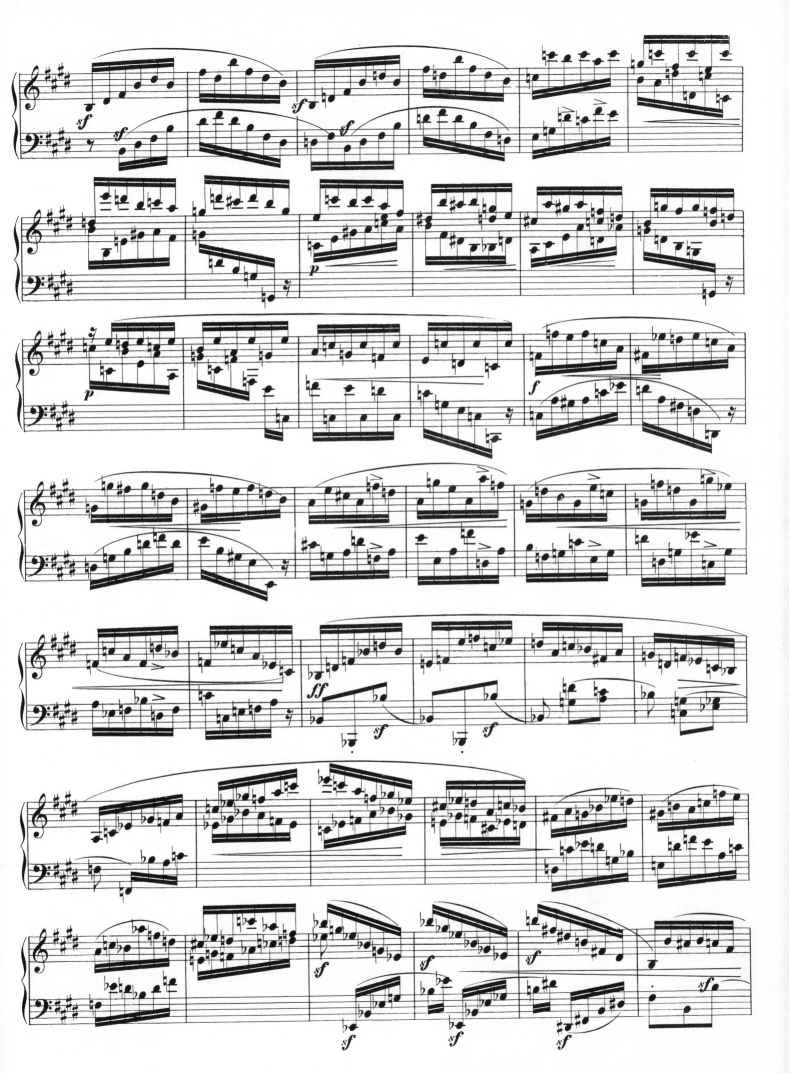

GROSSE SONATE

für das Pianoforte
von
ROBERT SCHUMANN.
Op. 11.
Fräulein Clara Wieck gewidmet.

INTRODUZIONE.

Un poco Adagio.

Componirt 1835, begonnen 1834.

146 *Grosse Sonate No. 1*

SCHERZO E INTERMEZZO.

Intermezzo.
lento

alla burla, ma pomposo

FINALE.
Allegro un poco maestoso.

PHANTASIESTÜCKE
für das Pianoforte
von
ROBERT SCHUMANN.
Op.12.
Fräulein Anna Robena Laidlav gewidmet.

Schumann's Werke.

Serie 7. No 50.

Componirt 1837.

Des Abends.

Sehr innig zu spielen.

Ausgegeben 1879.

Aufschwung.

Warum?

Grillen.

In der Nacht.

Mit Leidenschaft.

Etwas langsamer.

FABEL.

Traumes Wirren.

Ende vom Lied.

Mit gutem Humor.

Etwas lebhaft.

Dritte grosse Sonate.

Concert ohne Orchester
für das Pianoforte
von

Schumann's Werke.

ROBERT SCHUMANN.

Op. 14. Zweite Ausgabe.

Ignaz Moscheles gewidmet.

Ausgegeben 1887.

SCHERZO.

Molto commodo. ♩=116.

202 *Grosse Sonate No. 3*

QUASI VARIAZIONI.

Andantino de Clara Wieck. ♩=84.

VAR. I.

KINDERSCENEN.
Leichte Stücke für das Pianoforte
von
ROBERT SCHUMANN.
Op. 15.

Von fremden Ländern und Menschen.

Componirt 1838.

Curiose Geschichte.

Ausgegeben 1880.

Hasche-Mann.

N⁰ 3.

Bittendes Kind.

N⁰ 4.

Glückes genug.

No. 5.

Wichtige Begebenheit.

.№ 6.

Träumerei.

№ 7.

Am Camin.

Nº 8.

Ritter vom Steckenpferd.

Fast zu ernst.

Fürchtenmachen.

№ 11.

Schneller.

Schneller.

Kind im Einschlummern.

№ 12.

Der Dichter spricht.

No 13.

KREISLERIANA
Phantasien für das Pianoforte
von

ROBERT SCHUMANN.
Op. 16.
Seinem Freunde F. Chopin zugeeignet.

1.

Componirt 1838.

✻ In der alten Ausgabe keine Wiederholung.

Original-Verleger: C. F. Peters in Leipzig.

Ausgegeben 1885.

2.

Sehr innig und nicht zu rasch.

In der ersten Ausgabe fehlt der Vorschlag

Bemerkung. Die kleinen Noten bezeichnen die Abweichung der ersten Ausgabe.

Intermezzo I.

Sehr lebhaft.

Erstes Tempo.

*) Die Takte von **A** bis **B** fehlen in der ersten Ausgabe.

Langsamer. (erstes Tempo.)

✻ In der alten Ausgabe ohne Wiederholung.

3.

Sehr aufgeregt.

Noch schneller.

4.

Sehr langsam. (M.M. ♪ = 66.)

6.

Sehr langsam. (M.M. ♪ = 84.)
Durchaus leise zu halten.

8.

Schnell und spielend.

260 *Kreisleriana*

ARABESKE
für das Pianoforte
von
ROBERT SCHUMANN.
Op. 18.
Frau Majorin F. Serre auf Maxen zugeeignet.

Schumann's Werke.

Serie 7. No. 18.

Componirt 1839.

Ausgegeben 1887.

Minore I.
Etwas langsamer.

BLUMENSTÜCK
für das Pianoforte
von
ROBERT SCHUMANN.
Op. 19.
Frau Majorin F. Serre auf Maxen gewidmet.

Leise bewegt. M.M. ♩ = 69.

Componirt 1839.

Ausgegeben 1887.

Ein wenig langsamer.

Minore II.